李《リ》錦《クム》玉《オギ》・朝鮮《ちょうせん》のむかし話《ばなし》 2

食《く》いしんぼうのトラとおばあさん

李錦玉 文　　金正愛 画

少年写真新聞社

もくじ

ヒキガエルのおんがえし……8
ミミズくんとヤスデ子《こ》ちゃんのけっこん……20
ウサギのきも……30
兄《にい》さん待《ま》てぇ！……40
チョウのはじまり……50
種《たね》をまく犬《いぬ》……52

食《く》いしんぼうのトラとおばあさん……62
知恵《ちえ》のあるおばあさん……73
ロバのたまご……74
イワシのゆめ……84
しらすぼしの目《め》……95
モグラのむこえらび……96
えんぎのいい鳥《とり》……107
あとがき……108

題字 高《コ》昌孝《チャンヒョ》

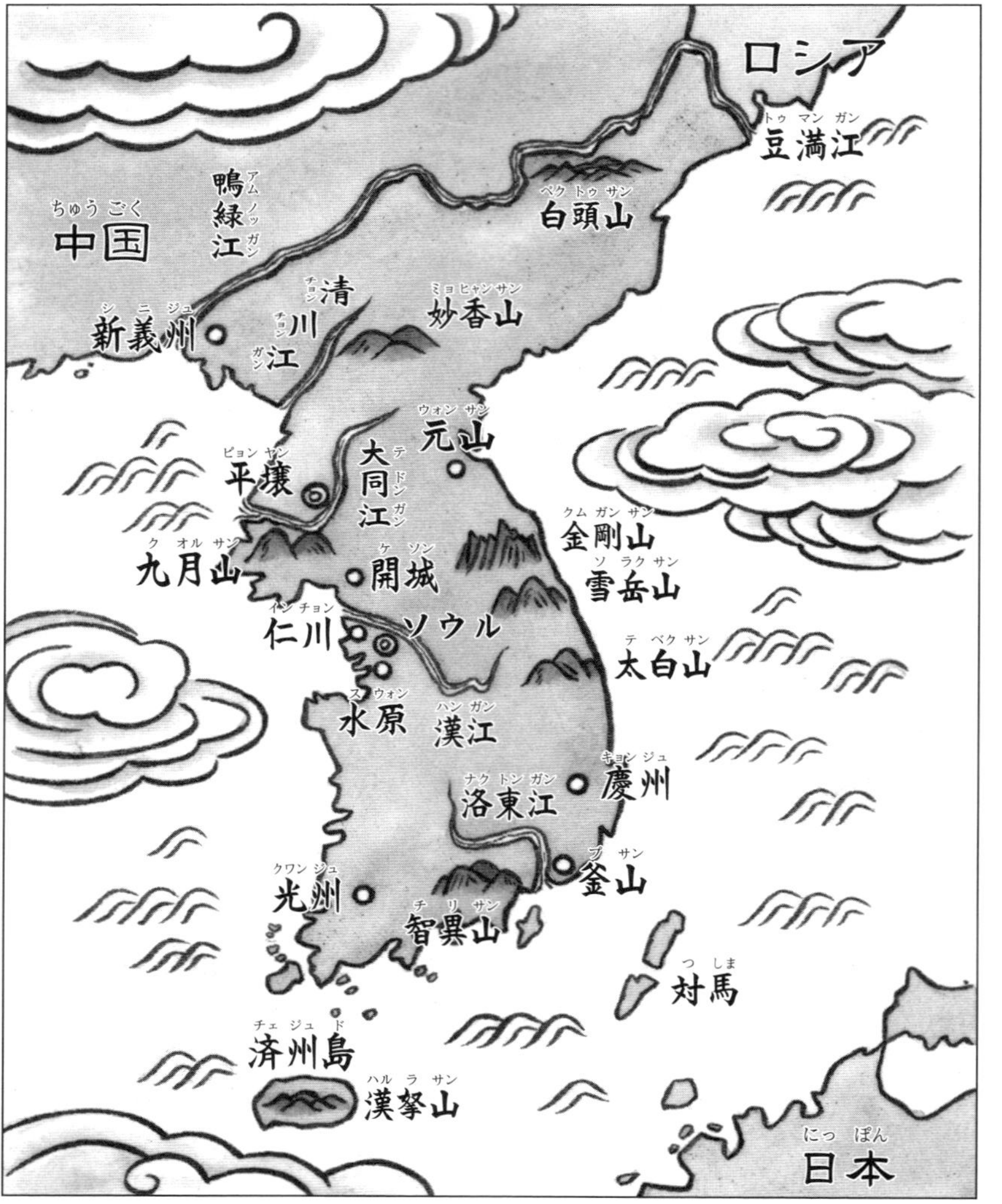
ロシア
豆満江《トゥマンガン》
中国《ちゅうごく》
鴨緑江《アムノッガン》
白頭山《ペクトゥサン》
清川江《チョンチョンガン》
妙香山《ミョヒャンサン》
新義州《シニジュ》
元山《ウォンサン》
平壌《ピョンヤン》
大同江《テドンガン》
金剛山《クムガンサン》
九月山《クオルサン》
開城《ケソン》
雪岳山《ソラクサン》
仁川《インチョン》
ソウル
太白山《テベクサン》
水原《スウォン》
漢江《ハンガン》
慶州《キョンジュ》
洛東江《ナクトンガン》
釜山《プサン》
光州《クワンジュ》
智異山《チリサン》
対馬《つしま》
済州島《チェジュド》
漢拏山《ハルラサン》
日本《にっぽん》

食《く》いしんぼうのトラとおばあさん

―李《リ》錦玉《クムオギ》・朝鮮《ちょうせん》のむかし話《ばなし》2―

ヒキガエルのおんがえし

むかしむかし、あるところに、お母《かあ》さんとコッタニというむすめがおりました。
雨《あめ》のふる、ある日《ひ》の夕方《ゆうがた》。
ヒキガエルが一《いっ》ぴき、コッタニの家《いえ》の台所《だいどころ》へひょこひょこと入《はい》ってきました。
コッタニは、かまどに火《ひ》をくべておりました。おどろいてヒキガエルを外《そと》へ追《お》い出《だ》そうとしましたが、なんだかかわいそうになりました。ヒキガエルの目《め》が「お願《ねが》いです。どうか、おいてください」と、たのむようにコッタニを見上《みあ》げているのです。

「うちはびんぼうだから、食《た》べるものがないんだよ。それでもいいならおいで」

コッタニはこういって、ヒキ

ガエルを台所《だいどころ》のすみにおいてやりました。

コッタニは、朝晩《あさばん》わすれずに、ヒキガエルにご飯《はん》をやりました。ヒキガエルは、だんだん大《おお》きくなりました。

ヒキガエルが大《おお》きくなれば、ご飯《はん》をたくさん食《た》べます。ヒキガエルがたくさん食《た》べれば、お母《かあ》さんとコッタニの食《た》べるご飯《はん》が少《すく》なくなります。けれども、お母《かあ》さんとコッタニは、少《すこ》しもいやな顔《かお》をしませんでした。

さて、この村《むら》にはうら山《やま》がありました。そのうら山《やま》には、ほらあながあり、千年《せんねん》ぐらいもたった大《おお》きなおばけムカデが、住《す》んでいました。

このおばけムカデには、自由《じゆう》に雨《あめ》をふらせたり、風《かぜ》を起《お》こしたりするふしぎな力《ちから》が、そなわっておりました。もし、おばけムカデのきげんをそこねたら、それこそたいへん。何《なん》か月《げつ》も雨《あめ》がふって洪水《こうずい》になったり、何日《なんにち》も風《かぜ》がふきあれて家《いえ》が飛《と》ばされたりして、ひどい目《め》にあうのでした。

そういうわけで、村《むら》の人《ひと》びとはおばけムカデのきげんをそこねないように、うら山《やま》で一年《いちねん》に一回《いっかい》お祭《まつ》りをしました。そして、ごちそうをそなえ、ドラやチャング※1をたたいておどり、そのとき、必《かなら》ずむすめを一人《ひとり》、おばけムカデにささげるのが習《なら》わしでした。

こうしておけば、その一年間《いちねんかん》は、おばけムカデがあばれなくなり、ほどよく雨《あめ》がふりほどよく風《かぜ》がふいて、村《むら》は豊作《ほうさく》になるのでした。

やがて、またお祭《まつ》りが近《ちか》づいて、今度《こんど》はコッタニが、おばけムカデにささげられる番《ばん》になりました。

コッタニが行《い》ってしまったら、お母《かあ》さんは一人《ひとり》ぼっちで、いったいどうなるのでしょう。どんなに、なげき悲《かな》しむことでしょう。コッタニは、心配《しんぱい》でなりません。かまどの火《ひ》をくべながら、ヒキガエルに一部始終《いちぶしじゅう》を話《はな》して泣《な》きました。

「体《からだ》の弱《よわ》いお母《かあ》さん。わたしがいなくなったら、どうするの。ああ、心配《しんぱい》だわ。ああ、どうしよう」

言葉《ことば》を話《はな》せないヒキガエルの目《め》にも、なみだがいっぱいあふれていました。

いよいよ、お祭《まつ》りの日《ひ》。
村《むら》の人《ひと》びとが、ドラやチャングをひびかせ、セナプ※2をふき鳴《な》らします。コッタニは、おばけムカデの住《す》んでいるほらあなに入《はい》っていきました。
そのとき、いつの間《ま》についてきたのでしょう。ヒキガエルが、のそのそと歩《ある》いてきて、コッタニのそばにすわりました。

やがて、チャングの音《おと》もやみ、村人《むらびと》たちも立《た》ち去《さ》ったようすです。あたりは、しいんとして真《ま》っ暗《くら》やみ。コッタニは、おそろしさに体《からだ》をふるわせました。でも、そばにヒキガエルがいるだけで、どんなに心《こころ》じょうぶだったかわかりません。

そのとき、しめっぽい冷《つめ》たい風《かぜ》が、ざあっとふいてきました。おばけムカデが、帰《かえ》ってきたのです。青《あお》い二《ふた》つの目《め》を光《ひか》

らせながら、ながあいおばけムカデが、ぞろおっぞろおっと、ほらあなから出《で》てきました。

これを見《み》たヒキガエルは、体《からだ》を起《お》こすと、白《しろ》い毒《どく》のけむりをはきかけはきかけ、ゆっさゆっさとおばけムカデにかかっていきました。

おばけムカデも、黄色《きいろ》い毒《どく》のけむりをはきかけはきかけ、ヒキガエル目《め》がけて、ぞろぞろうっと進《すす》んでいきました。

地《じ》ひびきがごうっとふき上《あ》がり、山《やま》がゆれ動《うご》き、風《かぜ》はつむじをまいてあれくるい、いなずまが走《はし》りました。コッタニは、あまりのおそろしさに気《き》を失《うしな》って、たおれてしまいました。

夜《よ》が明《あ》けました。あたりはうそのように、静《しず》まり返《かえ》っています。

まもなく、村人《むらびと》たちがおそるおそるうら山《やま》にやってきて、みな「あっ」とおどろきました。

ほらあなの前《まえ》には、おばけムカデとヒキガエルが、たがいに力《ちから》つきて死《し》んでいたのです。

気《き》がついたコッタニは、おどろいてヒキガエルの死《し》を悲《かな》しみました。

「きっと、わたしにおんがえしをしたかったんだわ」

コッタニの心《こころ》にヒキガエルの気持《きも》ちが、じいんと伝《つた》わってきました。

こうして、村人《むらびと》たちをこまらせていたおばけムカデがいなくなったので、もううら山《やま》で、お祭《まつ》りをすることもなくなりました。

そのかわり、毎年《まいとし》、豊作《ほうさく》を祝《いわ》う楽《たの》しい農楽《のうがく》が秋《あき》の空《そら》に鳴《な》りひびき、みんなゆかいにおどりました。

※1　チャング　つづみを大《おお》きくした形《かたち》の打楽器《だがっき》
※2　セナプ　ラッパのような形《かたち》をした民族管楽器《みんぞくかんがっき》の一《ひと》つ

ミミズくんとヤスデ子《こ》ちゃんのけっこん

ヤスデ子《こ》ちゃんの家《いえ》は、石《いし》がきの下《した》。白《しろ》いあじさいの花《はな》がさいています。ヤスデ子《こ》ちゃんは、ヤスデの子《こ》ども。体《からだ》は小《ちい》さいけれど、たくさんの足《あし》を持《も》った、かわいい女《おんな》の子《こ》です。

「こんなにきれいで、たくさんの足《あし》を持《も》っているのは、広《ひろ》い世《よ》の中《なか》でもわたしだけ」

と、ヤスデ子《こ》ちゃんも両親《りょうしん》も、その足《あし》をじまんに思《おも》っていま

した。
ヤスデ子《こ》ちゃんは、やがてけっこんする年《とし》ごろになりました。両《りょう》親《しん》は、むすめにふさわしいおむこさんはいないかと、あちこちさがしました。
ある日《ひ》、カタツムリおばさんが、たずねてきました。そして、いいました。
「とてもいい青年《せいねん》がいるの。お金《かね》もあるし、かっぷくがよくて健康《けんこう》だし、ヤスデ子《こ》ちゃんに、ぴったりだと思《おも》うんだけどねえ」

「その青年《せいねん》は、どこのだれなの」

両親《りょうしん》は、身《み》を乗《の》り出《だ》して聞《き》きました。

その青年《せいねん》というのは、たんぽぽの花《はな》が一面《いちめん》に広《ひろ》がる、となり村《むら》のミミズくんでした。ミミズくんの職業《しょくぎょう》は、先祖代《せんぞだい》だい、土《つち》の中《なか》で道路《どうろ》をつくる仕事《しごと》でした。もちろん住《す》まいも土《つち》の中《なか》。毎日《まいにち》せっせと道《みち》をほり進《すす》み、ほった土《つち》を地面《じめん》に積《つ》み上《あ》げていきます。

ヤスデ子《こ》ちゃんの両親《りょうしん》は、

こっそりミミズくんを見《み》に行《い》きました。ミミズくんは、土《つち》の中《なか》できたえられ、つやつやと光《ひか》る美《うつく》しい青年《せいねん》でした。たんぽぽのかげで、両親《りょうしん》は話《はな》し合《あ》いました。

「あの青年《せいねん》には、足《あし》が一本《いっぽん》もないわ。ヤスデ子《こ》には、かわいい足《あし》がたくさんあるのに」

「いや、それがいいいんだ。ミミズくんは体《からだ》が大《おお》きいが、ヤスデ子《こ》は小《ちい》さい。おたがいに欠《か》けているところをおぎない、助《たす》け合《あ》えばいいんだ。このけっこんはうまくいくにちがいない」

こうして、カタツムリおばさんの世話《せわ》で、ミミズくんとヤスデ子《こ》ちゃんのけっこん話《ばなし》がまとまり、日《ひ》どりも決《き》まりました。

このおめでたい話《はなし》は、すぐ広《ひろ》がりました。

「小《ちい》さい体《からだ》で、足《あし》が百本《ひゃっぽん》もあるむすめとけっこんするなんて、どういうことだ」

「じゃ、くつも百《ひゃく》、はくんだね」

「金《かね》がかかるだろうな」

「ミミズ村《むら》にもむすめがいるのに、ヤスデのむすめをよめにするのか。まったく、わからん」

ミミズくんはすてきな青年《せいねん》だったので、ヤスデ子《こ》ちゃんとのけっこんにけちをつけて、ひそひそ、がやがや、村《むら》の人《ひと》たちのうわさ話《ばなし》は、やみそうにありません。

ヤスデ子《こ》ちゃんの村《むら》でも同《おな》じでした。

「足《あし》のないミミズくんのどこがいいのだ。気《き》がしれないよ」

「あの、のっぺらぼうの大男《おおおとこ》に着《き》せる、※1パジや※2チョゴリは、だれが作《つく》るんだ」

「ヤスデ子《こ》ちゃんが、何《なん》か月《げつ》もかかって、ぬうのよ」

「せんたくは、どうする」

ヤスデ子《こ》ちゃんは、村《むら》の宝《たから》のような美《うつく》しいむすめでした。

そのむすめが、よその村《むら》のミミズくんのところへ行《い》ってしまうのです。村《むら》の人《ひと》たちはがっかりして、ミミズくんに焼《や》きもちを焼《や》き、けちをつけました。

やがて、ヤスデ子《こ》ちゃんとミミズくんの耳《みみ》にも、このうわさは入《はい》ってきました。

ヤスデ子《こ》ちゃんは、このけっこんがだんだん不安《ふあん》になりました。

ミミズくんの巨大《きょだい》なパジ※1やチョゴリ※2を、想像《そうぞう》もできない大《おお》きな布地《ぬのじ》で作《つく》り続《つづ》けるのでしょうか。パジやチョゴリをどうやってあらい、のりをつけるのでしょうか。そんなことを続《つづ》けて、しまいにはおばあさんになることを考《かんが》えると、目《め》の前《まえ》が真《ま》っ暗《くら》になりました。ヤスデ子《こ》ちゃんは、夜《よる》もねむれませんでした。

そして、決心《けっしん》し、手紙《てがみ》を書《か》きました。

「あなたのような大《おお》きな体《からだ》の方《かた》と、くらす自信《じしん》がありません。すみませんが、このお話《はなし》はなかったことにしてください」…と。

ミミズくんもヤスデ子《こ》ちゃんに、ていちょうなことわりの手紙《てがみ》を書《か》いていました。

ミミズくんは、むだ使《づか》いをしない、しまり屋《や》でした。ヤスデ子《こ》ちゃんに、たくさんのくつをはかせてやれるだろうかと、そろばんをはじいてみました。わらぐつでもたいへんな金《かね》がかかります。かわぐつともなれば、とてもとても手《て》がとどきません。

それに、

(そのたくさんのくつをぬいだら、どこへしまえばいいのだろう。それからそのたくさんの足《あし》で、シャカシャカと歩《ある》きまわられたら、うるさくて気《き》がへんになるかもしれない)

こう考《かんが》えたら、ミミズくんはぞっとしたのでした。
せっかくカタツムリおばさんが世話《せわ》をしたけっこん話《ばなし》は、
こうして、こわれてしまいました。
白《しろ》いあじさいの花《はな》のそばのヤスデ子《こ》ちゃん。たんぽぽ村《むら》の
ミミズくん。いまだに独身《どくしん》だそうです。

※1　パジ　男性用民族服《だんせいようみんぞくふく》のズボン
※2　チョゴリ　パジの上《うえ》に着《き》る上着《うわぎ》

ウサギのきも

むかし。

竜宮《りゅうぐう》の王《おう》さまが、重《おも》い病気《びょうき》になりました。

国中《くにじゅう》の名医《めいい》が貴重《きちょう》な薬《くすり》をさし出《だ》しました。例《たと》えば、イソギンチャクのなみだのエキス。ラッコの赤《あか》ちゃんのおしっこを飲《の》んだミジンコ。アワビのよだれでくるんだサンゴのたまご。真珠貝《しんじゅがい》のあくびで目《め》を回《まわ》したエビのひげ……。どれもこれも手《て》に入《はい》りにくい高価《こうか》な薬《くすり》です。でも王《おう》さまの病気《びょうき》には、さっぱり、きき目《め》がありませんでした。

タイやヒラメ、トビウオ、イワシ、サバ、サンマ。魚《さかな》という魚《さかな》が竜宮《りゅうぐう》に集《あつ》まり、王《おう》さまの病気《びょうき》を心配《しんぱい》しました。その中《なか》に、カメもおりました。

王《おう》さまの病気《びょうき》は、日《ひ》に日《ひ》に重《おも》くなるばかりでした。

このとき、カメがいいました。

「王《おう》さまの病気《びょうき》は、ウサギのきもをめし上《あ》がれば、必《かなら》ず治《なお》ります」

「それは、本当《ほんとう》か！」

王《おう》さまの家来《けらい》が、身《み》を乗《の》り出《だ》しました。

魚《さかな》たちも喜《よろこ》びました。

「でも、そのウサギのきもをだれが、どのようにして、とってくるのか」

ウサギを見《み》たこともない魚《さかな》たちは、こまってしまいました。

カメがいいました。

「ウサギは、海《うみ》の外《そと》の陸《りく》に住《す》んでいます。わたしが、これから行《い》って、ウサギを連《つ》れてきます。連《つ》れてきたら、みなさんがウサギのきもをとってください」

カメはみんなに見送《みおく》られて、竜宮《りゅうぐう》を出発《しゅっぱつ》し、波《なみ》をこえて、

こえて、やっとすなはまに泳《およ》ぎ着《つ》きました。そして、ウサギの家《いえ》までやってきました。

カメは、草原《そうげん》のあなの家《いえ》で昼《ひる》ねをしていたウサギを起《お》こしていいました。

「わたしは、海《うみ》に住《す》むカメと申《もう》します。今日《きょう》は、竜宮《りゅうぐう》でせいだいなえんかいを開《ひら》きます。ウサギさん、王《おう》さまがあなたを招待《しょうたい》しています。わたしが案内《あんない》いたしています。

します」

「えっ、ぼくをえんかいに招待《しょうたい》！」

ウサギは、びっくりしました。うれしくて、わくわくしました。おめかしをして、さっそくカメのせなかに乗《の》ると、波《なみ》を乗《の》りこえ、乗《の》りこえて、竜宮《りゅうぐう》に着《つ》きました。

たくさんの魚《さかな》たちが出《で》むかえて、ていねいにあいさつをしました。竜宮《りゅうぐう》は、なんとすばらしいんでしょう。広《ひろ》くて大《おお》きくて、目《め》もくらむようなはなやかさです。ウサギの小《ちい》さなあなの家《いえ》なんかとは、くらべものになりません。

このときです。

ふいに、魚《さかな》たちが、ウサギの周《まわ》りをわっと、とり囲《かこ》みました。ウサギは、なにがなんだかわからないうちに、ぐるぐるまきにしばり上《あ》げられて、ゆかに転《ころ》がされてしまいました。

魚《さかな》たちは口《くち》ぐちに、さわぎ立《た》てました。

「早《はや》く、早《はや》く、きもをとれ！」

「なにも悪《わる》いことをしてないのに、なぜ、しばるんだ。ひどいよ。ひどいよ」

ウサギは、必死《ひっし》になって、わめきました。

「そうなんだ。おまえは、なにも悪《わる》くない。だが、王《おう》さまの病気《びょうき》は、おまえのきもを食《た》べなければ治《なお》らないんだ。気《き》の毒《どく》だが、おまえのきもをもらわなければならない」

と、魚《さかな》の大臣《だいじん》がいいました。

ウサギは、とんだところへ連《つ》れてこられたものだとこうかいしましたが、すべては後《あと》の祭《まつ》りです。でも、ぐずぐずしていたら殺《ころ》されてしまう、ウサギは気《き》を落《お》ち着《つ》けて大《おお》きな声《こえ》で話《はな》しました。

「みなさんは、ご存《ぞん》じないでしょうが、ウサギのおしりには、おなかの中《なか》のきもを出《だ》し入《い》れするためのあながあります。ウサギは、毎《まい》月一日《つきついたち》から十五日《じゅうごにち》までは、きもを

おなかの中《なか》にしまっておきますが、後《あと》の十六日《じゅうろくにち》から月末《げつまつ》までは、山《やま》の木《き》のえだにかけて、風《かぜ》を通《とお》しておくのです。

今朝《けさ》、カメさんがむかえにきたので、ついうっかり、きもを木《き》のえだにわすれてきました。王《おう》さまの病気《びょうき》が、わたしのきもで治《なお》るのなら、これほどめいよなことはありません。すぐ、引《ひ》き返《かえ》して、きもを持《も》ってきましょう。みなさん、ここでわたしを殺《ころ》してもむだですよ。はらの中《なか》にきもはありませんからね」

魚《さかな》たちは、なるほどとうなずき、ウサギのなわをほどいてやりました。

カメは、ウサギをせなかに乗《の》せて、大急《おおいそ》ぎで波《なみ》をかきわけ

かきわけ、陸《りく》に着《つ》きました。

ウサギは陸《りく》に上《あ》がると、いきなりこんぼうで、カメのせなかをたたきながらいいました。

「このうそつき！　よくもだましたな。わたしのきもがどこのえだにかけてあるか、じっくりさがしてごらん。このばかめ。きもはわたしのはらの中《なか》だよ。あかんべーだ」

ウサギは、遠《とお》くへ走《はし》っていってしまいました。

ウサギにたたかれたカメのせなかは、このときからひびわれができたのです。

ウサギにだまされたカメは、すごすごと竜宮《りゅうぐう》へ向《む》かって、泳《およ》ぎ出《だ》しました。

兄《にい》さん待《ま》てえ！

あるところに、広《ひろ》い土地《とち》を持《も》ったお金持《かねも》ちがいました。数《かぞ》えきれないほどの牛《うし》と馬《うま》をかい、めし使《つか》いもたくさんいました。

むすこが三人《さんにん》もいて、お金持《かねも》ちの家《いえ》は、ますます栄《さか》えると思《おも》われました。ただ、いつも、むすめが一人《ひとり》ほしいなあと、口《くち》ぐせのようにいっていいました。そんな折《おり》に女《おんな》の赤《あか》ちゃんが

生《う》まれ、家中《いえじゅう》、大喜《おおよろこ》びでした。

女《おんな》の子《こ》が五《いつ》つになったときから、きみょうなことが起《お》こるようになりました。牛《うし》と馬《うま》が、病気《びょうき》でもないのに一頭《いっとう》また一頭《いっとう》と死《し》ぬのです。心配《しんぱい》したお金持《かねも》ちは、一番目《いちばんめ》のむすこをよんでいいつけました。

「一晩中《ひとばんじゅう》、牛小屋《うしごや》と馬小屋《うまごや》を見《み》はりなさい。牛《うし》や馬《うま》がなぜ死《し》ぬのか、しっかり見《み》はるんだよ」

むすこは、父《ちち》のいいつけどおり、夜《よ》どおし見《み》はりを続《つづ》けました。すると、真夜中《まよなか》に、ねているはずの妹《いもうと》がするりと部屋《へや》から出《で》てきて、牛小屋《うしごや》に入《はい》っていきました。妹《いもうと》はいきなり、牛《うし》のおしりに手《て》を入《い》れると、牛《うし》のきもをつかみ出《だ》して、がつがつと食《た》べました。牛《うし》は声《こえ》も立《た》てずに、死《し》んでしまいました。むすこは、息《いき》をするのもわすれるぐらい、おどろきました。

妹《いもうと》は食《た》べ終《お》えると、血《ち》だらけの口《くち》と手《て》をあらい、ねている母《はは》のふとんの中《なか》へ、そろりともぐりこみました。

朝《あさ》、むすこは、父《ちち》に昨夜《さくや》のことを、そのまま、すっかり話《はな》しました。父《ちち》は、

「でたらめをいうな。おまえは、ねぼけてゆめでも見《み》たんだろう。悪《わる》いやつだ」

とこういって、たいへんはらを立《た》てました。

次《つぎ》の夜《よる》は、二番目《にばんめ》のむすこが見《み》はりました。二番目《にばんめ》のむす

こも、妹《いもうと》のおそろしいすがたをはっきり見《み》ました。よく朝《あさ》、むすこの話《はなし》を聞《き》いた父《ちち》は、火《ひ》の玉《たま》のように、いかりくるいました。

「あきれたばかむすこたちだ。わしが妹《いもうと》をかわいがるからと、焼《や》きもちを焼《や》いて、妹《いもうと》につみを着《き》せるのだな。おまえらのような根性曲《こんじょうま》がりは、どこへなりと出《で》ていけ！」

こうして、二人《ふたり》のむすこは、家《いえ》を追《お》い出《だ》されてしまいました。

末《すえ》のむすこも、牛小屋《うしごや》と馬小屋《うまごや》の見《み》はりをいいつけられました。でも、家《いえ》を追《お》い出《だ》されたくないので、うそをつきました。

「牛《うし》と馬《うま》は、真夜中《まよなか》になると、自然《しぜん》にたおれて死《し》にました」

「そうだとも、妹《いもうと》のせいではない。しかしなぜ原因《げんいん》もなく、牛《うし》や馬《うま》は死《し》ぬのか」

父《ちち》は、頭《あたま》をかかえるばかりでした。

追《お》い出《だ》された二人《ふたり》は、あてもなく歩《ある》きました。そして、深《ふか》い山《やま》の中《なか》でこまっているところを、おぼうさまに助《たす》けられました。それは、この山《やま》で修行《しゅぎょう》している、えらいおぼうさまでした。二人《ふたり》は、おぼうさまのそばで手伝《てつだ》いをしながら、学問《がくもん》も教《おそ》わり、見《み》ちがえるほどに成長《せいちょう》しました。

ある日《ひ》、二人《ふたり》はおぼうさまに、家《いえ》から追《お》い出《だ》されたいきさつを話《はな》し、両親《りょうしん》が心配《しんぱい》なので、ふるさとに帰《かえ》ることにしました。話《はなし》を聞《き》いたおぼうさまは、馬《うま》を二頭《にとう》くれました。そして、別《わか》れるとき、三《みっ》つのびんを出《だ》して、こういいました。

「白《しろ》いびんには、とげの薬《くすり》が入《はい》っている。投《な》げればとげの林《はやし》が生《しょう》じる。赤《あか》いびんには火《ひ》の薬《くすり》。投《な》げれば火《ひ》の海《うみ》が生《しょう》じる。青《あお》いびんには水《みず》の薬《くすり》。投《な》げれば海原《うなばら》が生《しょう》じる。三《みっ》つのびんは、身《み》にきけんがせまったときに、

用《もち》いなさい。必《かなら》ず役《やく》に立《た》つだろう。用心《ようじん》してな」

二人《ふたり》は馬《うま》を飛《と》ばして、ふるさとへ帰《かえ》りました。

ところが、家《いえ》の大門《おおもん》はかたむき、庭《にわ》は草《くさ》がぼうぼうとしげって、人《ひと》の気配《けはい》がまったくありません。そろりと門《もん》をくぐると、草《くさ》をかきわけて、あの妹《いもうと》が、飛《と》び出《だ》してきました。

「あらまあ、兄《にい》さんたち、お帰《かえ》りなさい。待《ま》っていたわ。早《はや》く早《はや》く、家《いえ》の中《なか》へ！」

その顔《かお》を見《み》ると、目《め》は血走《ちばし》ってつり上《あ》がり、真《ま》っ赤《か》な口《くち》は耳《みみ》まで引《ひ》きさけて、とても人間《にんげん》だとは思《おも》われません。妹《いもうと》は、両親《りょうしん》はもちろん末《すえ》のむすこ、大勢《おおぜい》のめし使《つか》い、そしてあのたくさんの牛《うし》や馬《うま》を、次《つぎ》つぎと食《く》い殺《ころ》したのでした。

二人《ふたり》は身《み》ぶるいしました。そして、妹《いもうと》のちょっとのすきを見《み》て、馬《うま》に飛《と》び乗《の》ってにげ出《だ》しました。

妹《いもうと》は、後《あと》を追《お》ってきました。妹《いもうと》は、キツネのすがたに変《か》わっていました。キツネがばけていたのです。

「ヒハ、ギャハ、兄《にい》さん待《ま》て！　うまそうな兄《にい》さん、にげるな、ヒハハ、ギャハハハ」

とほえながら、追《お》いかけてきて、一番目《いちばんめ》のむすこの乗《の》った馬《うま》のしっぽを、つかみそうになりました。

むすこは、白《しろ》いびんをキツネに投《な》げつけました。すると、たちまちとげの林《はやし》が生《は》えてキツネの体《からだ》はきずつき、とげをぬいている間《あいだ》に、むすこは馬《うま》を走《はし》らせて遠《とお》くへにげました。

しばらくして、追《お》いついてきたキツネが、馬《うま》のしっぽをつかみそうになりました。

そこでむすこは、赤《あか》いびんを後《うし》ろに投《な》げました。たちまち、あたりは火《ひ》の海《うみ》となりました。キツネは、火《ひ》の海《うみ》の中《なか》でほのおに包《つつ》まれ、ひどいやけどを負《お》いながらも、二人《ふたり》を追《お》いかけてきました。

そして、またまた追《お》いついたキツネに、馬《うま》のしっぽをつかまれそうになりました。

むすこは、最後《さいご》の青《あお》いびんを力《ちから》いっぱい後《うし》ろにたたきつけました。たちまち、あたり一面《いちめん》、海《うみ》になりました。それでも、キツネは海《うみ》をわたって追《お》いかけてきましたが、とうとう力《ちから》つ

きて、おぼれて死《し》んでしまいました。

助《たす》かった二人《ふたり》は、ふたたび、ふるさとに帰《かえ》りました。そして力《ちから》を合《あ》わせて、家《いえ》をりっぱに建《た》て直《なお》し、もとどおりのお金《かね》持《も》ちになりました。

チョウのはじまり

もう一《ひと》つ、むかし話《ばなし》をしましょう。

二人《ふたり》の大臣《だいじん》がおりました。それぞれむすことむすめがいて、親同士《おやどうし》が子《こ》どものけっこんを約束《やくそく》しました。やがてけっこんの日《ひ》どりも決《き》まりました。おたがいに顔《かお》を見《み》たこともない相《あい》手《て》ですが、子《こ》どもは親《おや》のいいつけにしたがいました。そういう時代《じだい》だったのです。

ところが、けっこんしきを目《め》の前《まえ》にして、はなむこが突然《とつぜん》病気《びょうき》でなくなりました。はなよめは、これから一生《いっしょう》けっこんせず、一人《ひとり》で生《い》きていかなければなりませんでした。

はなよめは、部屋《へや》にこもって泣《な》きくらしました。毎日《まいにち》、泣《な》きながらはなむこのおはか参《まい》りをして、「どうか、わたしをあなたのそばに連《つ》れていってください」と、たのみました。

そんなある日《ひ》、目《め》の前《まえ》でおはかが真《ま》っ二《ぷた》つにわれました。はなよめがその中《なか》に飛《と》びこむと、おはかは、あっという間《ま》にとじてしまいました。めし使《つか》いが、あわてて止《と》めようとしましたが、※チマのすそをつかむのがやっとでした。

チマの切《き》れはしは、春《はる》の風《かぜ》にのって空《そら》へひらひらと飛《と》んでいってしまいました。それは、黄色《きいろ》いチョウでした。

※チマ　女性用民族服《じょせいようみんぞくふく》のスカート

種《たね》をまく犬《いぬ》

あるところに、兄《あに》と弟《おとうと》がいました。

兄《あに》は、大《おお》きな家屋敷《いえやしき》と広《ひろ》い土地《とち》を持《も》っている、人《ひと》もうらやむお金持《かねも》ちでした。

弟《おとうと》は、兄《あに》とはちがい、小《ちい》さな家《いえ》と小《ちい》さな土地《とち》があるだけ、まだ、およめさんもいませんでした。

春《はる》になりました。畑《はたけ》に出《で》て種《たね》をまく季節《きせつ》です。

弟《おとうと》は、まだ自分《じぶん》の牛《うし》を持《も》っていないので、よそから借《か》りてきました。弟《おとうと》は牛《うし》にすきを引《ひ》かせ、畑《はたけ》をたがやしながら、つぶやきました。

「およめさんがいて、たがやすそばから種《たね》をまいてくれたら、どんなにかいいだろうなあ」

すると、どこからか白《しろ》い犬《いぬ》が走《はし》ってきました。首《くび》には種《たね》を入《い》れたざるをぶら下《さ》げています。犬《いぬ》は前足《まえあし》でざるの中《なか》の種《たね》をとってまき、

後足《あとあし》でぱっぱっと土《つち》をかけます。その器用《きよう》なこと、そのすがたのおかしいことといったらありません。弟《おとうと》はびっくり、思《おも》わずふき出《だ》してしまいました。

お昼《ひる》になりました。弟《おとうと》はおべんとうを開《あ》けました。そして、犬《いぬ》をよんでいいました。

「さあ、お食《た》べ、よく働《はたら》いたからはらがへったろう。ありがとうよ」

弟《おとうと》は自分《じぶん》は食《た》べずに、犬《いぬ》が食《た》べるのをにこにこしてながめていました。おなかがいっぱいになった犬《いぬ》は、道《みち》ばたにねそべってねむりました。

そのとき、商人《しょうにん》が三人《さんにん》、三頭《さんとう》の馬《うま》に荷物《にもつ》をいっぱい積《つ》んでやってきて、弟《おとうと》にいいました。

「おい、そこの犬《いぬ》、じゃまだ。たたき起《お》こして追《お》っぱらってくれ」

弟《おとうと》は、おこっていいました。

「気持《きも》ちよくねむっている犬《いぬ》を追《お》っぱらえだと。あの犬《いぬ》はそこらへんの犬《いぬ》とはちがうんだ。種《たね》まきをする大切《たいせつ》な犬《いぬ》なんだ」

「なに、種《たね》まきをする犬《いぬ》だって。そんな犬《いぬ》がいるもんか。じゃ、かけをしよう。その話《はなし》が本当《ほんとう》なら、馬《うま》と積《つ》み荷《に》のきぬの織物《おりもの》をそっくりやろう。うそだったら、おまえの牛《うし》をもらうよ」

「ああ、いいですよ」

弟《おとうと》は牛《うし》を追《お》って畑《はたけ》をたがやしました。その後《あと》から犬《いぬ》が前足《まえあし》で種《たね》をまき、後足《あとあし》でぱっぱっと土《つち》をかけました。前足《まえあし》で種《たね》をまき、後足《あとあし》でぱっぱっ、前足《まえあし》で種《たね》をまき、後足《あとあし》でぱっぱっ。

商人《しょうにん》たちはびっくり。しかたなく、約束《やくそく》どおり三頭《さんとう》の馬《うま》ごと美《うつく》しいきぬの織物《おりもの》を弟《おとうと》にやりました。

こうして弟《おとうと》は、にわかにお金持《かねも》ちになりました。

すると、兄《あに》が、このうわさを聞《き》きつけて、すっ飛《と》んできました。

「その種《たね》まきをする犬《いぬ》をかしてくれないか」

兄《あに》は弟《おとうと》にこうたのみました。気《き》のいい弟《おとうと》はいいました。

「兄《にい》さんのたのみだもの。いいですよ」

兄《あに》はさっそく犬《いぬ》を連《つ》れて帰《かえ》り、牛小屋《うしごや》から二頭《にとう》の牛《うし》を引《ひ》いてきて、畑《はたけ》をたがやしました。すると犬《いぬ》が前足《まえあし》で種《たね》をまき、後足《あとあし》で土《つち》をかけ、仕事《しごと》はどんどんはかどりました。

お昼《ひる》になりました。兄《あに》は、犬《いぬ》には目《め》もくれないで、自分一人《じぶんひとり》ご飯《はん》をおいしく食《た》べました。犬《いぬ》は道《みち》ばたで昼《ひる》ねです。

そこへ商人《しょうにん》が三人《さんにん》、馬《うま》に荷《に》を積《つ》んでやってきました。そして商人《しょうにん》たちは、犬《いぬ》がじゃまだ、どけろといい、兄《あに》は、あの犬《いぬ》は種《たね》をまく犬《いぬ》だからだめだといい、商人《しょうにん》たちは話《はなし》が本当《ほんとう》なら馬《うま》と荷《に》と、兄《あに》の牛《うし》をかけようということになりました。

そこで兄《あに》は、二頭《にとう》の牛《うし》で畑《はたけ》をたがやしました。ところが、犬《いぬ》は道《みち》ばたにねたまま。畑《はたけ》へ引《ひ》っぱっていっても、しっぽをふって走《はし》り回《まわ》るだけ。

こういうわけで、兄《あに》は商人《しょうにん》たちに牛《うし》をとられてしまいました。

兄《あに》ははら立《だ》ちまぎれに、犬《いぬ》を殺《ころ》してしまいました。

このことを聞《き》きつけた弟《おとうと》は、泣《な》きながら死《し》んだ犬《いぬ》をだいて家《いえ》に帰《かえ》りました。そして、うら庭《にわ》にうめてやりました。すると、そこから一本《いっぽん》の木《き》が生《は》えてきました。木《き》は、ずんずん大《おお》きくなりました。

そして、春《はる》。その木《き》はたくさんのつぼみをつけ、白《しろ》い花《はな》がさきました。大《おお》きな白《しろ》い花《はな》のパラソルのようでした。その下《した》にいると花《はな》のかおりに包《つつ》まれて、とっても幸《しあわ》せな気持《きも》ちになりました。やがて、花《はな》は実《み》をつけました。えだもたわわに、なしが実《みの》りました。

弟《おとうと》はなしをもいで、市場《いちば》へ行《い》って売《う》りました。

「こんなにおいしいなしは、はじめて」

と、弟《おとうと》のなしはひょうばんになり、たくさんたくさん売《う》れました。弟《おとうと》はまた、お金持《かねも》ちになりました。

このうわさを聞《き》いた兄《あに》は、さっそく、犬《いぬ》のおはかをほり返《かえ》して、自分《じぶん》の家《いえ》のう ら庭《にわ》にうつしました。なしの木《き》が生《は》えて、木《き》はずんずん大《おお》きくなり、白《しろ》く美《うつく》しい花《はな》

がえだいっぱいにさき広《ひろ》がりました。やがて、いっぱい実《み》をつけました。大《おお》きななしが、青《あお》い空《そら》にゆれました。

うれしくなった兄《あに》は、木《き》をゆらしました。するとえだといえだがゆさゆさとゆれて、なしの実《み》がいっせいに落《お》ちてきました。ちょうど、大《おお》つぶのひょうのようでした。

にげるひまもなかった兄《あに》は、なしの雨《あめ》に当《あ》たって、たおれてしまいました。

そのなしは、まるで石《いし》のようにかたくて、食《た》べられませんでした。

食《く》いしんぼうのトラとおばあさん

むかし。

山《やま》に囲《かこ》まれた小《ちい》さな里《さと》に、おばあさんが、一人《ひとり》で住《す》んでいました。

おばあさんの仲《なか》よしは、犬《いぬ》のモンモギと、ネコのミャオと、ニワトリのコキオ。それに、ロバが一頭《いっとう》いて、おばあさんの畑仕事《はたけしごと》を、手伝《てつだ》っていました。

おばあさんは、一人《ひとり》ぼっちでくらしていましたが、さびしがるひまなんか、ありません。

ニワトリが、「コキオー」と夜明《よあ》けを告《つ》げると、すぐ起《お》き出《だ》して、畑《はたけ》に行《い》きます。畑《はたけ》をたがやし、種《たね》をまき、芽《め》が出《で》て、作物《さくもつ》がすくすく育《そだ》つのは、本当《ほんとう》に楽《たの》しみなものです。

今日《きょう》は、だいこん畑《ばたけ》へ、草《くさ》とりに行《い》きました。おばあさんは、だいこん畑《ばたけ》を見《み》わたして、にこにこ、目《め》を細《ほそ》めました。

「なんと、みごとなこと！」

みどりの葉《は》っぱは、みずみずしくのびて、うねに広《ひろ》がり、土《つち》の中《なか》では、白《しろ》いだいこんがむくむくと育《そだ》っています。

もう少《すこ》しで、だいこんのとり入《い》れです。

ところが、とんでもないことが起《お》きたのです。

うら山《やま》のおくに住《す》んでいるトラが、夜《よ》な夜《よ》な里《さと》に下《お》りてきて、おばあさんのだいこん畑《ばたけ》をあらしていくようになったのです。

おばあさんが、そっと見《み》ていると、トラはだいこんをぬきとっては、むしゃむしゃ食《た》べ放題《ほうだい》食《た》べて、山《やま》へ帰《かえ》っていきます。

こんなことが、いく晩《ばん》も続《つづ》きました。

おばあさんは、どんなに、くやしかったことでしょう。でも、相手《あいて》がトラでは、どうしようもありません。

「だいこんを食《た》べるトラなんて、見《み》たことない。なんとか、しなくてはねえ」

おばあさんは、トラをうんとひどい目《め》にあわせてやろうと、心《こころ》に決《き》めました。

おばあさんは、いろいろ考《かんが》えました。そして、いいことを思《おも》いつきました。

夜《よる》、おばあさんは、だいこん畑《ばたけ》で、トラを待《ま》ちかまえていました。月明《つきあ》かりの中《なか》、おばあさんは、トラに近《ちか》づいて、あいそうよくいいました。

「こんばんは。だいこんなんか、おいしくないでしょう。わたしが、とってもおいしいパッチュク※を、ごちそうしてあげるから、明日《あす》の晩《ばん》、うちへおいでなさい。えんりょは、いらないよ」

「へえ、そんなに、うまいものがあるのかい。うん、行《い》くよ、行《い》くよ」

トラは、ほくほくして、山《やま》へ帰《かえ》りました。

さて、おばあさんは、トラをむかえるしたくをしました。

まず最初《さいしょ》に、火《ひ》ばちに火《ひ》をおこして、しっかり灰《はい》をかぶせてから、うら庭《にわ》に置《お》きました。

次《つぎ》に、台所《だいどころ》の水《みず》がめの中《なか》に、粉《こな》とうがらしを入《い》れて、よくかきまぜておきました。
次《つぎ》に、手《て》ぬぐいに小《ちい》さなはりをたくさん、ちくちく、さしておきました。

その次《つぎ》に、台所《だいどころ》の戸口《とぐち》の前《まえ》に、牛《うし》のふんを、まき散《ち》らしておきました。
そして、その横《よこ》に、大《おお》きなむしろを、広《ひろ》げておきました。
最後《さいご》に、庭《にわ》のすみに、ロバを連《つ》れていって、トラをむかえるしたくは、終《お》わりました。

やがて、日《ひ》がくれて、暗《くら》くなりました。

トラが、ごちそう食《た》べたさに、のそのそ、ごきげんでやってきました。

「ようこそ、ようこそ」

おばあさんは、にこにこ、うれしそう。

「今日《きょう》は、寒《さむ》いから、火《ひ》をおこしておいたよ。うら庭《にわ》にある火《ひ》ばちを、持《も》っておいで」

トラが、火《ひ》ばちをとりにいって、いいました。

「なんだ、火《ひ》が消《き》えちまってるよ」

「それじゃね。ふうふうって、息《いき》をふいてごらん。じきに、火《ひ》がおこるよ」

トラが、ふうっと、強《つよ》く息《いき》をふきかけると、灰《はい》が飛《と》び散《ち》って、目《め》の中《なか》に入《はい》りました。

「あっ、いたた、いたい。ばあさん、どうすりゃいいんだ。いたい、いたい」

「まあまあ、それはたいへんだ。それじゃね、台所《だいどころ》の水《みず》がめの水《みず》で、目《め》をようくあらうといいよ。早《はや》く、早《はや》く」

トラは、大急《おおいそ》ぎで、おばあさんのいうとおり、水《みず》がめの水《みず》で目《め》をあらいました。水《みず》はとうがらし水《みず》だから、さあ、たまらない。トラは、もっと、いたいいたいと苦《くる》しみました。

おばあさんが、手《て》ぬぐいを、わたしていいました。

「かわいそうに、そんなにいたいかい。この手《て》ぬぐいで、目《め》をふいてごらんよ」

トラが手《て》ぬぐいで目《め》をふくと、ずきんずきん、はりが目《め》にささりました。トラは、やっと、おばあさんにだまされたことに、気《き》づきました。

トラが、にげ出《だ》そうとして、

台所《だいどころ》の戸口《とぐち》をまたいだとたん、牛《うし》のふんをふみつけて、つるりっとすべって、むしろの上《うえ》に、ばたんとたおれました。むしろは、くるくるっとトラをまきこみ、ロバのせなかに、ひょいと乗《の》りました。ロバは、むしろを運《はこ》んで、深《ふか》い川《かわ》の中《なか》へ、投《な》げてしまいました。

その後《ご》、トラは、二度《にど》とあらわれませんでした。

※パッチュク　あずきがゆ

知恵《ちえ》のあるおばあさん

トラは、ウサギやシカなどの動物《どうぶつ》、ときには人間《にんげん》などを食《く》い殺《ころ》すおそろしい肉食動物《にくしょくどうぶつ》です。そのトラが畑《はたけ》のだいこんを食《た》べるなんて、「そんなことありえない」といいたくなります。

でもね、最近《さいきん》はペットのレストランというものもあって、犬《いぬ》がいすにすわって、スープ仕立《じた》てのブロッコリー入《い》りスパゲティなんていうのをぺろりと食《た》べています。

働《はたら》いているおばあさんは、みんな明《あか》るく知恵《ちえ》があって元気《げんき》いっぱいですね。食《く》いしんぼうのトラだって、おばあさんの計略《けいりゃく》にはまんまと引《ひ》っかかってしまいました。

ロバのたまご

トルメギは、上《うえ》にばかがつくくらいお人《ひと》よしの男《おとこ》でした。町《まち》に市《いち》の立《た》つ日《ひ》がきました。トルメギは、市《いち》に行《い》くのが楽《たの》しみでした。これもお人《ひと》よしのおかみさんから、いくらかのお金《かね》をもらって、トルメギは出《で》かけました。

市《いち》はたいへんなにぎわいでした。トルメギは野《や》菜《さい》や果物《くだもの》、なべ、かま、食器《しょっき》、反物《たんもの》、わらじにざる、いい買《か》い物《もの》はないかと見《み》て回《まわ》りました。

うり売《う》りの前《まえ》でトルメギの足《あし》が止《と》まりました。好物《こうぶつ》のうりの中《なか》に、ひときわ大《おお》きな丸《まる》いものが一《ひと》つ、目《め》を引《ひ》きました。

「おや、じいさん、あれはなんだい。黒《くろ》いしまもようのあるうりのばけものは」

うり売《う》りのおじいさんは、いいました。

「うりのばけものだって。おまえさん、はじめて見《み》るのかい。アハハハ」

「生《う》まれてはじめてだよ。ありゃ、なんだい」

おじいさんは、おかしくなりました。(この男《おとこ》、すいかを見《み》たことないんだな。よし、からかってやろう)。こう思《おも》ったおじいさんは、まじめくさった顔《かお》でいいました。

「これはね、ロバのたまごだよ。そんじょそこらにない、めずらしいものでな。三十日間《さんじゅうにちかん》、たまごを温《あたた》めると、ロバの子《こ》が生《う》まれるのさ」

「へえ、ロバのたまごだって。そんなものがあるのかい。じいさん、わしに売《う》ってくれ。たのむよ。ロバのたまごをかえしてみたいんだ」

トルメギは、あり金《がね》をはたいて強引《ごういん》にロバのたまごを買《か》って、ほくほくしました。

うり売《う》りのおじいさんは、しぶしぶすいかを手放《てばな》すふりをして、もうかったわいとほくほく。

家《いえ》に帰《かえ》ったトルメギは、いいました。

「ロバのたまごを買《か》ってきたぞ」

「まあ、そんなめずらしいものをよく手《て》に入《い》れたわね」

とおかみさんは、おっかなびっくり、ロバのたまごをわたでいくえにもくるみ、あたたかいおくの部屋《へや》に置《お》きました。

トルメギとおかみさんは、毎日《まいにち》、毎日《まいにち》、おくの部屋《へや》をそっとのぞいて、たまごからロバの子《こ》がかえるのを指折《ゆびお》り数《かぞ》えていました。

「おまえさん、ロバの子《こ》が生《う》まれたら、家《いえ》でかって大《おお》きくしましょう」

「ロバはよく働《はたら》くし、かわいいからね」

ところがです。十日《とおか》がたち、二十日《はつか》がすぎ、ロバのたまごからくさったにおいが立《た》ちこめて、家中《いえじゅう》、もう息《いき》がつまりそうになりました。

ついにおかみさんが、かんしゃくを起《お》こしました。

「ロバのたまごって、へんなもの買《か》ってきて、このにおいは、ふつうじゃないわ。すてるわ」

トルメギは、おかみさんをなだめました。

「まあ、まあ、三十日《さんじゅうにち》までのしんぼうだ」

ところがです。三十日《さんじゅうにち》がすぎても、ロバのたまごはさっぱりかえりません。おかみさんは、もうがまんしきれず、ロバのたまごを持《も》ち上《あ》げました。トルメギがさけびました。

「だめだ。すてるな、大事《だいじ》なロバのたまごだ」

おかみさんは、力《ちから》いっぱいロバのたまごを庭《にわ》に投《な》げ飛《と》ばしました。ロバのたまご、つまり、くさったすいかは、地面《じめん》にぐしゃっとつぶれて飛《と》び散《ち》りました。

そのとき、くさったすいかの中《なか》から、一《いっ》ぴきのネズミが飛《と》び出《だ》して、ぱっと目《め》の前《まえ》を走《はし》っていきました。

「あっ、ロバの子《こ》だ。にがしてたまるか」

トルメギはびっくりしてネズミを追《お》いかけました。野《の》原《はら》を追《お》いかけ、石《いし》ころ道《みち》を追《お》いかけ、力《ちから》いっぱい走《はし》ってネズミをとらえようとしましたが、山《やま》のふもとのあたりで、とうとうすがたが見《み》えなくなってしまいました。

「大事《だいじ》なロバの子《こ》よ、出《で》ておいで」

と、トルメギは山《やま》を登《のぼ》りながら、いばらやつる草《くさ》のしげみをさがしました。

そのとき、向《む》こうの松《まつ》の木《き》の間《あいだ》から、ちらっと動《うご》くものがありました。それは一《いっ》ぴきのノロ※が、こちらをじっと見《み》ているのでした。

「あっ、あれはロバの子《こ》にちがいない。さっきまであんなに小《ちい》さかったのに、大《おお》きくなったなあ」

トルメギは、こう思《おも》うとうれしくてなりません。大事《だいじ》なロバの子《こ》をつかまえずにおくものかと、にげるノロを追《お》いかけました。木《き》の下《した》えだに引《ひ》っかかったり、根《ね》っこに足《あし》をとられてたおれたりしながら追《お》いかけましたが、追《お》いつけるはずがありません。とうとうそのすがたを見失《みうしな》ってしまいました。

トルメギががっかりしていると、しげみの中《なか》から今度《こんど》はシカが、ふいにがさがさと出《で》てきました。シカは

トルメギを見《み》てびっくりして、かけ出《だ》しました。トルメギは、またロバの子《こ》が大《おお》きくなってあらわれたとかんちがいして、追《お》いかけました。でも、シカはすぐにどこかへ行《い》ってしまいました。

つかれきったトルメギは、ロバの子《こ》をあきらめるよりしかたありませんでした。トルメギの顔《かお》や手足《てあし》はきずだらけ、着《き》ているものといったら、ちぎれたり、かぎざきになったりともうぼろぼろで、目《め》もあてられません。

トルメギが信《しん》じたように、ロバのたまごが本当《ほんとう》なら、おもしろいんですがねえ。

※ノロ　角《つの》の小《ちい》さいシカににた動物《どうぶつ》

イワシのゆめ

ざんぶら　ざざざあ　ゆれる海原《うなばら》
ゆれる波間《なみま》を　魚《さかな》がすいすい
ゆるゆる　ざざざあ　イワシが泳《およ》ぐ
泳《およ》ぎながら　イワシは思《おも》う
（ぼくはなぜ？　イワシに生《う》まれたか）
広《ひろ》い海《うみ》には　魚《さかな》がいろいろ

ヒラメ　トビウオ　マナガツオ
タチウオ　ニシン　アマダイ　サンマ
すがたも大《おお》きいし　強《つよ》くて美《うつく》しい
それぞれ好《す》きなだけ　えさを食《た》べて
楽《たの》しく自由《じゆう》に　生《い》きている

（だけど　ぼくは小《ちい》さいカタクチイワシ
生《う》まれて間《ま》もなく
しらすぼし　にぼし　丸《まる》ぼしにして食《た》べられ
あげくに肥料《ひりょう》　飼料《しりょう》にされて
海《うみ》では　大《おお》きな魚《さかな》に　追《お》い回《まわ》され

ただ　ただ　にげるだけ　気《き》の休《やす》まるときはない）

岩《いわ》かげで　仲《なか》よしのヒラメに
身《み》の上話《うえばなし》しながら　今日《きょう》も
（ああ　なぜぼくは　イワシに生《う》まれたか）
（ああ　大《おお》きくなりたい　強《つよ》くなりたい）

ある晩《ばん》　イワシはゆめを見《み》た
とてもふしぎな　ゆめだった
幸運《こううん》の女神《めがみ》が　笑《わら》いかけてきたような
そんな気《き》のする　ゆめだった

イワシがいった
「ヒラメくん　ゆめうらないの名人《めいじん》を
だれか知《し》らないか」
ヒラメは　すぐに返事《へんじ》をした
「ああ　知《し》っているとも
西《にし》の海《うみ》のハゼが　ゆめうらないの名人《めいじん》だと　ひょうばんだよ」
「お礼《れい》はするから　きみ
ハゼを連《つ》れてきてくれないか」
「いいとも　たっぷり礼《れい》はたのんだぜ」

ヒラメは　二《ふた》つ返事《へんじ》で出《で》かけた
ざんぶり　ざざざあ　波《なみ》に乗《の》り
南《みなみ》へすいすい　多島海《タドへ》をひらひら
東《ひがし》の海《うみ》から西《にし》の海《うみ》へ　ぐるり　たどり着《つ》き
ゆめうらないの名人《めいじん》ハゼを連《つ》れて　帰《かえ》ってきた
イワシは　ハゼをもてなして　話《はな》した
「空《そら》を飛《と》んだ
その後《あと》　地面《じめん》に落《お》ちた
ひとりでに　歩《ある》いた
雪《ゆき》がふり　寒《さむ》くなり　暑《あつ》くなった
このゆめを　うらなってください」

ハゼは　もみ手《て》しながらいった
「すごいゆめだ！　空《そら》を飛《と》んだのは
あなたさまが　近《ちか》いうちに　竜《りゅう》になる知《し》らせ
地面《じめん》に落《お》ちたのは　雨《あめ》をふらせるため
天《てん》から水《みず》をくみに　地上《ちじょう》におりた　竜《りゅう》をしめし
ひとりでに歩《ある》くとは
竜《りゅう》が　雲《くも》に乗《の》っていくさまをあらわし
寒《さむ》かったり　暑《あつ》かったりとは
竜《りゅう》が　四季《しき》をつかさどる　あかしである
このゆめによれば　まさしくあなたさまは
竜王《りゅうおう》になられる　とういお方《かた》であります」

イワシは　そのゆめうらないに　よいしれた
弱《よわ》い小《ちい》さい　カタクチイワシ
そのぼくが　竜王《りゅうおう》になれるんだ
ぼくは竜王《りゅうおう》だ！　ぼくは竜王《りゅうおう》だぞ！

ヒラメは　はらを立《た》てた
（西《にし》の海《うみ》まで行《い》ってやったのに
イワシのやつ　一言《ひとこと》の礼《れい》もいわない
ハゼのゆめうらないには　あきれたぜ
おべんちゃらの　口《くち》から出《で》まかせだ）

ヒラメは　がまんできずにさけんだ
「竜《りゅう》だって？　へびにもなれやしないさ！
おれが　真《ま》っ当《とう》にうらなってやるから　聞《き》け！」
イワシが　むっとした
「気《き》でもちがったか！　ヒラメ」
「だまって聞《き》け、カタクチイワシ！」
ヒラメは　まくし立《た》てた
「文《もん》なしがやっと　安《やす》いつりざお買《か》ってきて
つりばり作《つく》って　海《うみ》に投《な》げたと思《おも》いな
そこへ食《く》い意地《いじ》はったイワシが　食《く》いつき
つり糸《いと》を上《あ》げたら　ほら　空《そら》を飛《と》んだろ

その後《あと》　地面《じめん》に落《お》ちるのは　当《あ》たり前《まえ》のことだろ
つられた魚《さかな》はびくの中《なか》　人《ひと》が歩《ある》けば魚《さかな》も歩《ある》く
雪《ゆき》がふったのは　塩焼《しおや》きのためのふり塩《しお》だ
寒《さむ》かったり　暑《あつ》かったりするわけは
火《ひ》の上《うえ》の焼《や》きあみ　うちわでぱたぱたあおぎ
焼《や》き魚一丁《ざかないっちょう》上《あ》がり！　と　いうわけだい！
なに　竜王《りゅうおう》になられる　とうといお方《かた》だと？
聞《き》いてあきれるぜ　ハゼのいんちきやろう
めちゃくちゃうらないは　よせやあい！」

イワシは　かんにんぶくろのおが切《き》れた
「だまれ　だまれ　ぼくが竜《りゅう》になるのが
そんなに　くやしいか」
力《ちから》いっぱい　ヒラメをなぐり飛《と》ばした
こうして　友情《ゆうじょう》もおしまいになった

竜《りゅう》になれない　イワシのゆめ
ざんぶら　ざざざあ　波間《なみま》にゆられ
大《おお》きくなりたい
強《つよ》くなりたい

しらすぼしの目《め》

にぎやかな商店街《しょうてんがい》の通《とお》りに、今日《きょう》は見《み》なれないおじさんが魚《さかな》の乾物《かんぶつ》の店《みせ》を出《だ》しています。一番前《いちばんまえ》にしらすぼしが大《おお》きな箱《はこ》にどっさり。その上《うえ》の小《ちい》さな四角《しかく》い入《い》れ物《もの》に、しらすぼしをもりつけて、お客《きゃく》をよびます。「さあ、安《やす》いよ安《やす》いよ。うまいよ、うまい」。通《とお》りすがりの人《ひと》は立《た》ち止《ど》まり、味見《あじみ》をして買《か》いました。

わたしも、しらすぼしは好《す》きです。ところが、なぜかしら、しらすぼしを見《み》ているうちに、ぎょっとして息《いき》を飲《の》みました。小《ちい》さい一《いっ》ぴき一《いっ》ぴきに黒《くろ》い目《め》がついていて、いっせいにこっちを見《み》ているような気《き》がしたのです。何千何万《なんぜんなんまん》の目《め》。

「じゃ、一《いっ》ぴきだけね」と、おそるおそるわたしはしらすぼしをつまみました。周《まわ》りから、「一《いっ》ぴきだって」と笑《わら》い声《ごえ》がしました。わたしはその日《ひ》、ついにしらすぼしを買《か》えませんでした。

モグラのむこえらび

むかし。

あるところに、モグラのふうふが住《す》んでおりました。

モグラには、かわいいかわいい、一人《ひとり》むすめがありました。

「ほら、この毛《け》なみ、なんという美《うつく》しさ。まるでビロードみたい」

「ねえ、目《め》がとっても、かわいいでしょ」

モグラのふうふは、小《ちい》さい目《め》をいっそう細《ほそ》めて、むすめモグラを見《み》て、にっこりしました。

こうして、モグラふうふのむすめは、かわいがられてすくすく育《そだ》ちました。

ある夜《よる》。父《とう》さんモグラが前足《まえあし》で土《つち》かきをして、小《ちい》さな天窓《てんまど》を開《あ》けました。そして、母《かあ》さんモグラをよびました。

「ちょっときてごらん。月《つき》がきれいだよ」

モグラふうふは、顔《かお》をならべてお月見《つきみ》をしました。ちょうど、十五夜《じゅうごや》の丸《まる》い月《つき》でした。月《つき》は、モグラの住《す》んでいる広《ひろ》い野原《のはら》を真昼《まひる》のように照《て》らし、一《ひと》すじ流《なが》れ

る小《ちい》さな川《かわ》がきらきらと光《ひか》っていました。

父《とう》さんモグラは、夜空《よぞら》を見上《みあ》げて思《おも》いました。

（空《そら》は本当《ほんとう》にえらいなあ。夜《よる》は月《つき》や星《ほし》を、昼間《ひるま》はお日《ひ》さまをうかべて、どんなときにも動《うご》かず地上《ちじょう》を見守《みまも》っている）

「そうだ。むすめのむこはこの世《よ》で一番《いちばん》えらい、あの空《そら》になってもらおう」

「うちのむすめは、世界《せかい》で一番《いちばん》だもの。それがいいわ。そうしましょう」

母《かあ》さんモグラも、賛成《さんせい》しました。

父《とう》さんモグラは、さっそく空《そら》をたずねてむすめのむこになってほしいと、たのみました。

空《そら》はしばらく考《かんが》えて、こういいました。

「なるほど、わたしは万物《ばんぶつ》をはぐくみ、大地《だいち》を養《やしな》っておる。おまえがわたしをこの世《よ》で一番《いちばん》えらいと思《おも》うのも、もっともであるが、たった一《ひと》つわたしの力《ちから》のおよばないものがある。それは雲《くも》だ。あの雲《くも》におおわれると、なにも見《み》えなくなってしまうのだ」

モグラの父《とう》さんは、空《そら》のいうことに、なるほどそれもそうだと思《おも》いました。

そこで、モグラの父《とう》さんは、雲《くも》のところへ行《い》って、むすめのむこになってほしいとたのみました。

雲《くも》はうで組《ぐ》みして「うーん」とうなってしまいましたが、しかめっ面《つら》でいいました。

「わたしは、世界一《せかいいち》えらいとはいえない。おまえのいうとおり、わたしはお日《ひ》さまやお月《つき》さまだって、おおいかくすことができるし、山《やま》や川《かわ》やすべてのものを思《おも》いどおりに、おおいかくすことができる。だがな、風《かぜ》だけは、さすがのわたしもかなわん。風《かぜ》がふけばわたしはあっという間《ま》に、ふき飛《と》ばされてしまうからな」

「なるほど、そうか」

そこで、さっそく風《かぜ》のところへたずねていって、むすめのむこになってほしいとたのみました。

風《かぜ》は、モグラの父《とう》さんの言葉《ことば》をさえぎるように、あわてていいました。

「とんでもない！ そりゃあ、わたしが本気《ほんき》になってふけば、どんな大木《たいぼく》だって

根《ね》もとから折《お》れるし、家《いえ》だってなぎたおせるよ。海《うみ》や川《かわ》に高波《たかなみ》をまき起《お》こして、どんなに大《おお》きな船《ふね》だってしずめられるよ。だけど、どうしてもわたしの力《ちから》がおよばないも

のがある。ほら、あの野原《のはら》に石仏《いしぼとけ》が立《た》っているだろ。あの石《いし》仏《ぼとけ》はどうにもならない。いくらわたしがふいても、びくともしないのだ」

「そうですか。石仏《いしぼとけ》のほうが、えらいのですね」

モグラの父《とう》さんは、うなずきました。

石仏《いしぼとけ》は、モグラふうふの住《す》んでいる野原《のはら》の小道《こみち》のわきに立《た》っていました。ずうっとずうっとむかしから、だまって静《しず》かにたたずんでいました。

ときどき、カラスや小鳥《ことり》が頭《あたま》に止《と》まって羽《はね》を休《やす》めていきました。バッタや虫《むし》が、足《あし》もとの草《くさ》のつゆを飲《の》みに寄《よ》ってきました。旅人《たびびと》は、石仏《いしぼとけ》を目安《めやす》に歩《ある》き、ここまでくると石仏《いしぼとけ》をおがんで一休《ひとやす》みしました。

モグラの父《とう》さんは、石仏《いしぼとけ》をたずねて、ていねいにたのみました。

「石仏《いしぼとけ》さま、どうか、むすめのむこになってください。世界《せかい》一《いち》えらい石仏《いしぼとけ》さま」

石仏《いしぼとけ》は、ほほえみながらいいました。

「いいえ、モグラさん。わたしは決《けっ》してえらくありません。わたしはこのとおり、長《なが》い年月《ねんげつ》、雨風《あめかぜ》に打《う》たれて、野原《のはら》の真《ま》ん中《なか》にただただ、立《た》っているだけのことです。数百年《すうひゃくねん》の間《あいだ》、たおれずにこうして立《た》っていられるのは、モグラさんのおかげです。もし、モグラさんがわたしの足《あし》もとをほり返《かえ》したら、

いつかわたしはたおれるでしょう。どうか、そんなことのないように、おたのみします」

石仏《いしぼとけ》は、あべこべにモグラの父《とう》さんにたのみました。世《よ》の中《なか》で一番《いちばん》えらいものを、むすめのむこにしたいと願《ねが》っていたモグラの父《とう》さんは、あらためて、モグラを見直《みなお》しました。

こうして、モグラのふうふは、わかい青年《せいねん》のモグラの中《なか》から、りっぱなむこを選《えら》びました。むすめのけっこんしきは、それはそれはせいだいだったそうです。

えんぎのいい鳥《とり》

カササギは、朝鮮半島《ちょうせんはんとう》のどこにでもいる鳥《とり》です。カササギが鳴《な》くとよい知《し》らせがくるとか、うれしいお客《きゃく》がおとずれるといわれ、むかしから人《ひと》びとに親《した》しまれていました。

カササギは「カチカチ」と鳴《な》きます。鳴《な》き声《ごえ》をはじめて聞《き》いたときは、すぐ「ああ、あれはカササギだ」とわかりました。

わたしはカササギの巣《す》を発見《はっけん》したとき、びっくりしたのを覚《おぼ》えています。高《たか》いポプラの木《き》に、大《おお》きな巣《す》をゆったりとかけていたのです。「カササギは、どんな時代《じだい》でも自由《じゆう》に住《す》んでいるのだな」と、なんだか感動《かんどう》しました。

日本《にっぽん》にも九州《きゅうしゅう》の北部《ほくぶ》に、むかし朝鮮《ちょうせん》から連《つ》れてこられたカササギがいるそうですが、なぜかあまりふえないようです。

あとがき

李《リ》 錦玉《クムオギ》

今《いま》から三十年《さんじゅうねん》ぐらい前《まえ》のこと。わたしは鴨緑江《アムノッガン》沿岸《えんがん》の国境《こっきょう》の都市《とし》・新《シ》義州《ニジュ》に行《い》ったことがあります。季節《きせつ》は冬《ふゆ》の真《ま》っただ中《なか》でした。ホテルに着《つ》くと、すぐ街《まち》の中《なか》へ一人《ひとり》出《で》かけました。人通《ひとどお》りもなく、すべてが白《しろ》くこおりついているような気《き》がしました。ふっと気《き》づくと、きらきら光《ひか》りながらふりしきるのは、あの、ダイヤモンドダストだったのです。わたしはダイヤモンドダストに包《つつ》まれながら、思《おも》わず両手《りょうて》を広《ひろ》げて大《おお》きく息《いき》をすいこみました。

ソウルの冬《ふゆ》もたいへんな寒《さむ》さでした。東大門《トンデムン》市場《いちば》近《ちか》くの古本屋街《ふるほんやがい》をのぞきながら歩《ある》いていたのですが、ほねをさすような冷気《れいき》にたえられませんでした。しかし、北《きた》の新義州《シニジュ》のきびしさにはおよばないでしょう。

むかし話《ばなし》に登場《とうじょう》するトラは、朝鮮半島《ちょうせんはんとう》のこんなきびしい寒《さむ》さの、けわしい山脈《さんみゃく》に住《す》んでいたのです。人《ひと》びとは、「トラは朝鮮半島《ちょうせんはんとう》でぜんめつし、一頭《いっとう》もいない」と断言《だんげん》しますが、まだ生《い》き残《のこ》っているんだと信《しん》じている人《ひと》もいます。「知人《ちじん》のむすこが山《やま》おくでトラに出会《であ》い、大《おお》けがをした」と、平壌《ピョンヤン》のあるえんげき家《か》が真顔《まがお》でいいました。こんな話《はなし》を聞《き》くと、そうかもしれないとうなずきたくなります。古《ふる》い古《ふる》い時代《じだい》から人間《にんげん》と共生《きょうせい》してきたトラがいなくなることを、人《ひと》びとはさびしく思《おも》っているのでしょうか。

日本《にっぽん》にトラはいません。大《おお》むかし、朝鮮半島《ちょうせんはんとう》と日本《にっぽん》は陸続《りくつづ》きでした。トラは北方《ほっぽう》の大陸《たいりく》から南下《なんか》して朝鮮半島《ちょうせんはんとう》にやってきたのですが、そのときすでに日本《にっぽん》との陸続《りくつづ》きがたたれていたので、日本《にっぽん》には行《い》けなかったというわけです。

● 著者・画家紹介 ●

李 錦玉（リ クムオギ）

大阪府に生まれる。金城女子専門学校（現金城学院大学）卒業。
詩集『いちど消えたものは』（てらいんく）で第35回赤い鳥文学賞を受賞。主な作品に絵本『あおがえる』『りんごのおくりもの』（以上朝鮮青年社）、『へらない稲たば』『さんねん峠』童話『さんねん峠〈朝鮮のむかしばなし〉』（以上岩崎書店）など多数ある。『さんねん峠』は小学３年生の国語の教科書（光村図書）にも掲載され、親しまれている。

金 正愛（キム ジョンエ）

東京都に生まれる。東京朝鮮中高級学校卒業後、武蔵野美術学園で日本画を学ぶ。主な挿絵に絵本『フンブとノルブ』（朝鮮青年社）、『仙女ときこり』（岩崎書店）、詩集『いちど消えたものは』（てらいんく）、『チャングムの誓い（全４巻）』（汐文社）など多数。

李 錦玉・朝鮮のむかし話２

食いしんぼうのトラとおばあさん

2009年６月20日　初版発行

著　者　李 錦玉
画　家　金 正愛
発行人　松本 恒
発行所　株式会社 少年写真新聞社
〒102-8232　東京都千代田区九段北1-9-12
Tel（03）3264-2624　Fax（03）5276-7785
http://www.schoolpress.co.jp
印刷所　図書印刷株式会社

ISBN 978-4-87981-303-9　C8098　　NDC929　112P　22cm×16cm

＊本書は、1966年ごろから『朝鮮画報』そのほかに掲載した作品に加筆・修正をしました。